コンテンツ制作者のための
使える撮影スタジオブック

映像映画スタジオ探検隊　編

コンテンツ制作者のための
使える撮影スタジオブック

index

レンタル撮影スタジオがコンテンツ制作者へ情報発信！	4
STUDIO jiLL　Ast	6
STUDIO jiLL　Bst	10
STUDIO jiLL　Cst	14
STUDIO jiLL　Sister 狛江	18
STUDIO jiLL　Brother 狛江	22
ECOLO GARDEN GREEN SIDE	26
ECOLO GARDEN SUNNY SIDE	28
STUDIO ECOLO GROUND	30
STUDIO ECOLO SKY	32
エコロ　代々木公園	34
エコロ　麻布スタジオ	36
Column　アマチュアだって利用できる！撮影スタジオでのルールとマナー	40
目黒ハウス	42
HAP　factory	44
Studio　"PHOME"	46
木下スタジオ　池袋Aスタジオ	48
木下スタジオ　池袋Bスタジオ	50
木下スタジオ　池袋Cスタジオ	52
木下スタジオ　後楽Aスタジオ	54
木下スタジオ　後楽Bスタジオ	56
木下スタジオ　豊玉南スタジオ	58

木下スタジオ　高円寺Ａ・Ｂスタジオ	……	60
木下スタジオ　上鷺宮スタジオ	……	62
Column　飽きさせない工夫を凝らすスタジオ業界	……	64
studio mon 自由が丘	……	66
studio mon 尾山台	……	68
STUDIO ピア　pia 2 井荻	……	70
STUDIO ピア　pia 3 高円寺	……	72
STUDIO ピア　pia 4 阿佐ヶ谷	……	74
STUDIO ピア　pia 6 目白	……	76
STUDIO ピア　pia 7 宮前	……	78
STUDIO ピア　pia 8 久我山	……	80
STUDIO ピア　pia １０経堂	……	82
STUDIO ピア　pia １１世田谷	……	84
STUDIO ピア　pia １２西荻窪	……	86
STUDIO ピア　pia １４尾山台	……	88
STUDIO ピア　pia １５Ｂ福町	……	90
STUDIO ピア　pia １６浅草橋	……	92
STUDIO ピア　pia １９三宿	……	94
STUDIO ピア　pia ２７桜新町	……	96
STUDIO ピア　pia ２８Venus	……	100
STUDIO ピア　pia ３１Bayside	……	104
STUDIO ピア　pia a ３４辰巳	……	108

レンタル撮影スタジオがコンテンツ制作者へ情報発信！

　撮影スタジオが今、東京都内に続々と誕生しています。コンテンツ制作者にとって、欧米あるいは他のアジア諸国と比較して、日本は撮影許諾の規制が厳しく、決して寛容とは言えません。それでも、国はコンテンツ産業を重要な産業のひとつと考え、さまざまな施策も用意しています。

　一方で、コンテンツを発信するプラットフォームはプロ、アマチュア問わず、今や多種多様です。動画放映は地上波や衛星放送にとどまらず、インターネット、スマートフォンを使った配信が企業、個人の隔てなく行なわれています。ネットフリックス、アマゾン、ｄＴＶ、ＵＵＬＡそしてＹｏｕＴｕｂｅ、さらにはドローン・・・。

　日本でも空前の動画撮影ブームが間もなく始まろうとしています。
　クールジャパンの背景とインバウンド需要の増加、そして動画配信プラットフォームの多様化。プロの動画制作会社はもちろんですが、メディアに携わる関係者だけでなく、今後は個人利用でも撮影スタジオの利用は増えることが考えられます。
　本書は、「さまざまなシチュエーションで撮影をしたい」「ロケ場所の情報がもっと欲しい」というコンテンツ制作者の思いから、使い勝手の良い都心のレンタル撮影スタジオを1冊にまとめました。コンテンツをつくるうえで、撮影スタジオは重要な情報です。仕事、趣味そしてクリエーターの利便性に訴求する初の書籍です。

=/ file.01 /=

撮影後もずっと居たい！居心地の良さ抜群の空間

STUDIO jiLL （スタジオジル）―Aスタジオ―

【練馬区】

　天井高最大8メートルの空間に、大きな天窓と開放感溢れるガラス窓。ここは木の素材の優しさをふんだんに活かした「ナチュラルカントリー」という言葉がふさわしい空間だ。また安定した自然光が惜しみなく降り注ぐことで、ライティングの手間を取らず、スムーズな撮影ができるスペースとして話題である。「撮影の後もずっと居たい」とモデルや撮影者にも思わせると評判なのは、素材感と自然光の柔らかさが醸し出す「スローな空間」だからなのかもしれない。部屋はすべてシンプルな白が基調で、撮影者を迷わせないよう、しっかりと配慮。さらにはカントリー調のキッチンスペースも常設。狙えるショットは無限大なのだ。スタジオジルは3スタジオが同じ場所に位置しているので、大人数の撮影でも、3スタジオ丸ごと貸し切れば、じつにバラエティーに富んだ撮影が可能になる。

◆スタジオ名称:スタジオジル　Aスタジオ
◉郵便番号&住所:〒179-0085　東京都練馬区早宮1-10-11
◉予約用電話番号:03-6802-3383
◉料金:スチール23,000円〜27,600円／H(5H〜)　ムービー30,000円〜36,000円／H(5H〜)
◉駐車場:9台(但し各スタジオ3台まで)(ハイエースタイプまで駐車可)
◉ネット予約　否
◉メール確認　否
◉キャンセル料発生期日:6日前より
◉電気容量:20kw/h

URL:http://www.studiojill.com/

===== file.02 =====

アートと居住感が同居！あえて少しクセのある空間提供

STUDIO jiLL （スタジオジル）―Bスタジオ―

【練馬区】

　Aスタジオ同様に天井高は最大8メートル。そして大きな天窓から自然光が溢れる空間。Bスタジオは、アートの雰囲気と、強調されたロフトに広がる住居感覚が同居する異色な演出が評判だ。アトリエをイメージした内壁や調度品、映画「バック・トゥ・ザ・フューチャー」のシーンを思い出させるエイジングポイントは、過去と未来をおしゃれにアレンジした異色の空間なのだ。「ロフト」とイメージづけされただけあって、住居感も見逃せない演出。画家のアトリエのような1階の演出は、2階に上がると安らぐ場所へ緩やかに変貌する。それでいて古臭さを感じさせない演出なのは、古き良きアイアンのイメージと、未来型のスペースワールドが見事に同居しているからだろう。「あえて少しばかりのクセをつける演出」、これがインダストリアルデザインの空間なら、そのクセを大いに利用した撮影をしたい。

◆スタジオ名称:スタジオジル　Bスタジオ
◉郵便番号＆住所:〒179-0085　東京都練馬区早宮1-10-11
◉予約用電話番号:03-6802-3383
◉料金:スチール23,000円～27,600円／H（5H～）　ムービー30,000円～36,000円／H（5H～）
◉駐車場:9台（但し各スタジオ3台まで）(ハイエースタイプまで駐車可)
◉ネット予約　否
◉メール確認　否
◉キャンセル料発生期日:6日前より
◉電気容量:20kw/h

URL:http://www.studiojill.com/

file.03

ヴィレッジに顔の違う3つの大型スタジオが揃う!

STUDIO jiLL (スタジオジル) —Cスタジオ—

【練馬区】

　スタジオジルにある3タイプのスタジオ（A・B・C）はどれも広さと明るさが最大の強み。そのなかでCスタジオは洗練されたシンプルモダンが売りだ。浴室や洗面所を除けば、1Fがワンフロア、2Fもワンフロアとじつにシンプルな構造だが、それがかえって機能的なのだ。その秘密は、空間の広さを、天井窓と地上窓から注がれる自然光の明るさが強調しているところにある。これが効率よく撮影ができる環境と評判なのだ。さらにシンプル構造だからこそ見えてくる撮影スポットの多さも魅力だ。庭から室内へ向けたショット、キャットウォークから1Fフロアを狙ったショットなど、大がかりな機材を持ち込まなくても、さまざまなショットが打てるのだ。それでいて1F、2Fとも温もりを感じる天然素材を使った床やインテリアが装備されているため、撮影者になごみ感を与える配慮も欠かさないのである。

◆スタジオ名称:スタジオジル　Cスタジオ
◉郵便番号&住所:〒179-0085　東京都練馬区早宮1-10-11
◉予約用電話番号:03-6802-3383
◉料金:スチール23,000円〜27,600円／H(5H〜)　ムービー30,000円〜36,000円／H(5H〜)
◉駐車場:9台(但し各スタジオ3台まで)(ハイエースタイプまで駐車可)
◉ネット予約　否
◉メール確認　否
◉キャンセル料発生期日:6日前より
◉電気容量:20kw/h

http://www.studiojill.com/

file.04

庭付きの戸建てがヴィレッジに！

STUDIO jiLL Sister 狛江

【狛江市】

　ナチュラルなアメリカンカントリースペースに居を置くシスター狛江スタジオ。そのつくりと環境は日本とは思えない雰囲気を醸し出している。南向きの庭付きテラスハウスの1階は大型のキッチンとリビング。そのリビングからは緑豊かなガーデンスペースへと出ていくことも可能。美しいカントリー風の屋内での撮影は、心地よいと評判だ。2階は北欧風に包まれた寝室を含む多機能空間。2階から見下ろす景色は、芝生の美しさが引き立つ庭と、グレーと白のモノトーンタイルが美しい共有道路のコラボレーションが見事に映える。またこのエリアにある3棟のスタジオ共有となっている大きなガーデンスペースも利用可能。建物の屋内・屋外、ファサード、庭、ガーデンスペースさらには近隣の多摩川まで、ロケ場所豊富、撮影スポット豊富と充実している。

- ◆スタジオ名称:スタジオジル　シスター狛江
- ◉郵便番号＆住所:〒201-0016 東京都狛江市駒井町 2-35-5 KハウスーA
- ◉予約用電話番号:03-6802-3383
- ◉料金:スチール　オープンプライス(お問い合わせ下さい)　ムービー　オープンプライス(お問い合わせ下さい)
- ◉駐車場:2台
- ◉ネット予約　否
- ◉メール確認　否
- ◉キャンセル料発生期日:6日前より
- ◉電気容量:10kw/h

---

http://www.studiojill.com/sister/

file.05

「モダン&カントリー」の演出抜群！明るいテラスハウススタジオ

STUDIO jiLL Brother 狛江

【狛江市】

　シスター狛江の向かいにあるのがブラザー狛江スタジオだ。建物のつくりは同じだが、ファサードの色合いや屋内のイメージはがらりと変わる。建物外観が白基調のシスター狛江に対して、ブラザー狛江は青味のある黒。エントランスの芝生との色合いが美しい外観を持つ。屋内は南向きの広いリビングダイニングに庭のある風景。さまざまなショットが打てるよう工夫されている。2階は自然光が明るくモダンな雰囲気の寝室と、女性をイメージした柔らかい色合いのじゅうたんが敷かれた明るい寝室、そして日常的なリビングが撮影者を待ち受ける。シスター狛江同様、庭から、あるいはリビングからと、さまざまな撮影スポットがあり、撮影者を飽きさせない。また同様に敷地内の大きなガーデン（公園）が利用できるので、画のバリエーションにも困らない。シスター、ブラザー2棟レンタルで、撮影の幅をさらに広げることも可能。撮影の醍醐味が倍増することは間違いない。

- ◆スタジオ名称:スタジオジル　ブラザー狛江
- ●郵便番号&住所:〒201-0016 東京都狛江市駒井町2-35-8 Kハウス-C
- ●予約用電話番号:03-6802-3383
- ●料金:スチール　オープンプライス(お問い合わせ下さい)　ムービー　オープンプライス(お問い合わせ下さい)
- ●駐車場:2台
- ●ネット予約　否
- ●メール確認　否
- ●キャンセル料発生期日:6日前より
- ●電気容量:10kw/h

http://www.studiojill.com/sister/

file.06
明るい自然光が差し込むカントリー調の庭付きヴィラハウス
ECOLO GARDEN GREEN SIDE
【世田谷区】

　緑が美しい１００㎡超の庭が映えるハウススタジオ、それがECOLO GARDEN GREEN SIDEだ。この採光抜群の庭は高い壁で囲まれているので、撮影しやすい。
　そしてスタジオは、庭に面した天高８メートルの吹き抜けのスペースが来る者を圧倒する。もちろん、テラス式なので、窓を開ければ、室内からそのまま庭へ移動できる。庭から室内、室内から庭をバックにテラスをと、どちらも画になる撮影ができる。このGREEN SIDEはカントリーリゾートをテーマにつくられ、キッチン、寝室は木の素材の優しさと明るさが心地よい演出をする。また優しいパステルカラーのバスルームも好評だ。

- ◆スタジオ名称：エコロガーデングリーンサイド
- ●郵便番号＆住所：〒158-0087　東京都世田谷区玉堤1-16-28
- ●予約用電話番号：03-5760-7977　FAX：03-3705-8561
　スタジオ現地電話番号：03-5758-8168　FAX：03-3705-8561
- ●料金：スチール・ムービー平日土曜：20,000円／H（3H～）　日曜祝日：12,500円／H（3H～）
　早朝料金7:00～8:00
　いずれも消費税別。ただし、7:00～8:00にご利用の場合は2割増になります。なお、大型ムービーのご利用は出来ません。
- ●駐車場：3台(ハイルーフ1台 可)　●ネット予約　否　●メール問い合わせ　可
- ●キャンセル料発生期日：6日前から　●電気容量：いずれも24kw/h　200Vにも対応してます。

http://www.ecolo-co.net/

file.07
白基調のヨーロピアン・モダンテイストが好評！
ECOLO GARDEN SUNNY SIDE
【世田谷区】

　GREEN SIDEに隣接するSUNNY SIDEは、開放感がありながらも、撮影者をうならせる提案が詰まったスタジオである。吊り下げ式のチェアがあるスペースは、明るく柔らかい光を感じながら、自由度ある撮影を可能にするマルチスペースだ。一方でキッチン、ダイニングや寝室には、提案的なアンティーク調の家具が配置され、シーンを際立たせてくれる。一方、天窓近くにあるキャットウォークには開放感はあるものの、あえて狭小につくってある。撮り方によっては未来感ある画にもなる不思議な空間だ。

- ◆スタジオ名称：エコロガーデンサニーサイド
- ◉郵便番号＆住所：〒158-0087　東京都世田谷区玉堤1-16・28
- ◉予約用電話番号：03-5760-7977　FAX:03-3705-8561
- ◉スタジオ現地電話番号：03-5758-8168　FAX:03-3705-8561
- ◉料金：スチール・ムービー平日土曜：19,000円／H(3H〜)　日曜祝日：12,000円／H(3H〜)
  早朝料金7:00〜8:00
  (いずれも消費税別　7:00〜8:00にご利用の場合は2割増。なお、大型ムービーのご利用は出来ません。)
- ◉駐車場：3台(ハイルーフ1台可)　◉ネット予約　否　◉メール問い合わせ　可
- ◉キャンセル料発生時期：6日前から　◉電気容量：いずれも24kw/h　200Vにも対応してます。

http://www.ecolo-co.net/

file.08

ホリゾントも完備！面積４３０㎡超の大型スタジオ

STUDIO ECOLO GROUND

【大田区】

　GROUNDは、8m×8m×8mのホリゾント完備の大型スタジオだ。車の撮影も可能という余裕のファクトリーゾーンのほか、さまざまな演出の施された撮影スポットが9ゾーン存在する。カントリー、モダン、アーリーアメリカン、ヨーロピアンなど、さまざまなシーンに対応しているのだ。ファッションカタログ撮影や特集グラビア撮影、CM撮影と、どんなニーズにも対応できるスタジオと言っていい。さらに天高は5メートルもあり俯瞰撮影も可能だ。また24H撮影できるので、長丁場となりがちなムービー撮影などにはありがたいスタジオなのだ。

- ◆スタジオ名称:スタジオエコログラウンド
- ●郵便番号&住所:〒144-0033　東京都大田区東糀谷5・20・15
- ●予約用電話番号:03-5760-7977　FAX:03-3705-8561
- ●スタジオ現地電話番号:03-5737-0855　FAX:03-5737-0850
- ●料金(GROUND・SKY共通):スチール・ムービー平日・土曜19,000円/H(3H〜)(8:00〜22:00)、22,800円/H(3H〜)(22:00〜8:00)
- ●日曜・祝日:18,000円/H(3H〜)(8:00〜22:00)、21,600円/H(3H〜)(22:00〜8:00)
  大型ムービー平日・土曜22,000円/H(3H〜)(8:00〜22:00)、26,400円/H(3H〜)(22:00〜8:00)
  日曜・祝日:21,000円/H(3H〜)(8:00〜22:00)、25,200円/H(3H〜)(22:00〜8:00)(いずれも消費税別)
- ●駐車場:4台(ハイルーフ可)　●ネット予約　否　●メール問い合わせ　可
- ●キャンセル料発生時期:6日前から　●電気容量:40kw/h(1階GROUND)
  200Vにも対応しています。

※両スタジオを同日にご利用の場合はお得な特典があります。

URL:http://www.ecolo-co.net/

---— file.09 ———

ライフシーンすべてと非日常スペースを完全網羅！

STUDIO ECOLO SKY

【大田区】

　ＧＲＯＵＮＤの２階に位置するＳＫＹは、日のまわりが良く、明るいスペースに、ライフシーンのすべてを揃えた４３０㎡たっぷり使えるスタジオだ。屋根は全体の６割強が天窓、完全南向きとあって、自然光がたっぷりと差し込む大空間となっている。カントリー調の寝室とキッチン、板張りの大空間、テクスチャーがお洒落な空間にカフェテリアシーンも撮れるテラスなど、要素は盛りだくさん。さらに屋内にもかかわらず、引きたっぷりのファサードも完備。もちろん２４Ｈ撮影ＯＫ。ちなみにスタジオの目の前に「防災公園」があり、スタジオと外ロケと合わせての利用もできる（別途使用許可申請と使用料金が必要）。

- ◆スタジオ名称：スタジオエコロスカイ
- ◆郵便番号＆住所：〒144-0033　東京都世大田区東糀谷5-20-15
- ◆予約用電話番号：03-5760-7977　ＦＡＸ：03-3705-8561
- ◆スタジオ現地電話番号：03-5737-0855　ＦＡＸ：03-5737-0850
- ◆料金(ＧＲＯＵＮＤ・ＳＫＹ共通)：スチール・ムービー平日・土曜：19,000円／H(3H～)(8:00～22:00)、22,800円／H(3H～)(22:00～8:00)
  日曜・祝日：18,000円／H(3H～)(8:00～22:00)、21,600円／H(3H～)(22:00～8:00)
  大型ムービー平日・土曜22,000円／H(3H～)(8:00～22:00)、26,400円(22:00～8:00)
  日曜・祝日：21,000円／H(3H～)(8:00～22:00)、25,200円／H(3H～)(22:00～8:00)(いずれも消費税別)
- ◆駐車場：4台(ハイルーフ 可)　●ネット予約　否　●メール問い合わせ　可
- ◆キャンセル料発生期日：6日前から　●電気容量：　30kw/h(2階ＳＫＹ)
  200Vにも対応しています。

※両スタジオを同日にご利用の場合はお得な特典があります。

URL：http://www.ecolo-co.net/

file.10
さまざまな演出を施す都心の大フロアスタジオ

エコロ 代々木公園

【渋谷区】

　千代田線「代々木公園駅」、小田急線「代々木八幡駅」から徒歩3分、代々木公園まで徒歩5分という都心に構えるECOLO代々木公園スタジオ。大空間にさまざまな仕掛けを施してあるこのスタジオの特長は、家具と壁面のテクスチャー、そして各所に施された開閉扉の美しさにあるだろう。カントリーとモダンを融合させた空間に、アンティーク調のソファーやシャンデリア、さらに60年代の欧米をイメージさせるテクスチャーも備える。その一方で、ポップさのあるお洒落な家具や壁面といった側面も見逃さずに装備。撮影者のリクエストを見越したセッティングが光るスタジオなのだ。

◆スタジオ名称:エコロ代々木公園
◉郵便番号&住所:〒151-0063　東京都渋谷区富ヶ谷1・53・12代々木ハイランドマンション2階
◉予約用電話番号:03-5760-7977　FAX:03-3705-8561
◉スタジオ現地電話番号:03-5464-2323　FAX:03-3465-9988
◉料金:スチール・小規模ムービー:18,000円/H(3H〜)　20名以上のムービー:21,600円/H(3H〜)
　(いずれも消費税別 6:00〜24:00時間外20%割増)
◉駐車場:2台(高さ2m40cmまで)　◉ネット予約　否　◉メール問い合わせ　可
◉キャンセル料発生期日:6日前から　◉電気容量:10kw/h

http://www.ecolo-co.net/

===== file.11 =====

大正時代に建てられた本物の洋館がスタジオに！

エコロ 麻布スタジオ

【港区】

　地下鉄日比谷線「広尾駅」より徒歩4分という好立地にあるエコロ麻布スタジオ。南麻布の歴史ある洋館に広い庭が付いたスタジオで、今、大きな話題となっている。それもそのはず、じつはここは本物の結婚式場。年間100組以上が結婚式や結婚パーティーを行なっている会場なのだ。つまり「本物の空間」ということ。大正モダンなつくりの洋館は、落ち着きと品格ある演出の連続で、どのスペースも画になる撮影スポットばかり。また実際に結婚式やパーティーを行なうガーデンスペースには、大きなアーチ型の屋根が取り付けられていて、雨の日でも撮影可能。しかもこのアーチ形の天井は可動式で、自然光を採り入れることが出来る。

- ◆スタジオ名称：エコロ麻布スタジオ
- ●郵便番号＆住所：〒106-0047　東京都港区南麻布5-2-3
- ●予約用電話番号：03-5760-7977　FAX:03-3705-8561
- ●スタジオ現地電話番号：03-5793-3480　FAX:03-5793-3490
- ●料金：スチール・小規模ムービー：22,500円／H(3H～)
  　　　　20名以上のムービー：27,000円／H(3H～)(いずれも消費税別)
- ●駐車場：4台
- ●ネット予約　　否
- ●メール問い合わせ　　可
- ●キャンセル料発生期日：6日前から
- ●電気容量：18kw/h

http://www.ecolo-co.net/

アマチュアだって利用できる！
撮影スタジオでのルールとマナー

◆キープ、決定って何？

コンテンツ制作において、今やプロ、アマチュアの垣根はほぼなくなりつつある。撮影スタジオ運営会社側も、コンテンツのプロに限られた使用目的という考え方が薄れ、幅広いニーズに対応している。コスプレ撮影会やホームパーティー、あるいは企業の人事によるレクリエーションでの利用も増えている。

ただ、お金さえ払えば誰にでも貸し出すというものでもない。その背景にあるのがルールとマナーの視点。プロユース中心なのはコンテンツ制作者の使用頻度の違いもあるが、一方でマナーとルールの理解力にある。

たとえば予約。撮影スタジオでは、あらかじめ空き日を確認したうえで、利用者が予約を入れるのが通常だ。ただし、これには「キープ」と「決定」というルールがある。プロの撮影隊の場合、クルーを組むケースがほとんどで、まずはスタジオを仮スケジュールで押さえる。いわゆる「キープ」と呼ばれる予約だ。万が一、その仮スケジュールどおりにいかなかった場合を想定しているからだ。しかしいつまでも「キープ」状態とはいかない。同じ日に他の撮影隊がスケジュールを入れてくることがあるからだ。これを先着順に「第1キープ」「第2キープ」「第3キープ」と呼んでいる。
「第1キープは通常、撮影日の8日前まで」（スタジオ管理者）というように、

「決定」でない限り、正式な予約とはならないのだ。最近は、先着順のキープ制を取らずに「決定優先」方式のスタジオも多くなってきた。先に段取りよく仕切れた撮影隊が予約優位となることも多い。ちなみ

にスタジオによってキャンセル料の発生はまちまちだが、前日および当日キャンセルはキャンセル料として撮影料金の100％の負担となるのは、ほぼ一致しているので注意が必要だ（スタジオ利用規約）。

このように、「キープ」である仮予約から「決定」である正式予約への移行が、いかに早くできるかが重要で、逆に「キープ」でのキャンセルは早めなら無料のケースがほとんどなので、無料のうちに行なうのが賢い選択となる。

さて、撮影予約日が「決定」になったら、「入り時間」と「終了予定時間」を伝えなくてはならない。その際には早朝料金、深夜料金、延長料金、休日料金などを事前にチェックしておく必要がある。これらは通常料金より割高に設定されていることが多く、思わぬ出費となるからだ。時間内に終わらせる「段取り力」がスタジオ代を高いものにしないコツなのだ。

◆無謀な撮影、迷惑行為は御法度！

撮影当日、スタジオでは撮影者としての最低限のマナーは守らないといけない。まずは「騒がない、無謀な撮影はしない」である。ありがちなのは、撮影待ち時間に騒いでしまうケース。他のスタジオで同録が行なわれていることもあり、配慮が必要だ。また、近隣に迷惑の掛かるような無謀な撮影も迷惑行為となる。スタジオ内で窓を全開にして、外に大きな声が漏れてしまう、撮影者同士の揉め事などは、たとえ撮影スタジオといえども、迷惑行為に当たる。さらには近隣での無許可撮影も禁止行為のひとつ。

プロ、アマ問わず、スタジオ運営側とより良い関係を構築しておけば、コンテンツの制作意欲が沸き、さらに楽しいものになるのではないだろうか。

撮影スタジオ使用の心得10

- ●キープ予約は3週間前までに
- ●決定・キャンセルは8日前が限界
- ●決定後は「入り時間」と「終了予定時間」の伝達を
- ●割増料金を事前確認すべし
- ●撮影内容をスタジオ側へ大まかに伝える
- ●騒ぐ、揉める、無謀・迷惑撮影厳禁
- ●無許可で近隣での外撮影をしない
- ●スタジオ設備品を持ち出さない
- ●スタジオ内でのキズ、破損は管理者に正直に伝える
- ●利用スタジオの遵守事項を守る

file.12

敷地480坪！大正時代の日本家屋の自然光スタジオ

目黒ハウス

【品川区】

　東京23区最大級と言われる日本家屋のスタジオが、ここ目黒ハウスだ。その敷地面積は1500㎡超。その大きな庭には、歴史を感じさせる木々や石が延々と続く。まさに日本の庭そのものがここにある。スタジオ家屋は360㎡超とこれまたデカい。襖で仕切られた大きな居間、板の間で続く渡り廊下に縁側と、大正期につくられた大きな日本家屋そのものなのだ。その希少性から、歴史背景を必要とする映画のワンシーンやドラマなどで多く利用されている。大正、昭和の和風建築スタジオは、時代とともに減少傾向にある。しかし世の中にはまだ、旧くて新しいシーンの映像ニーズも多い。そういう意味で価値あるスタジオなのだ。

- ◆スタジオ名称:目黒ハウス
- ●郵便番号&住所:〒141-0021　東京都品川区上大崎2-8-20
- ●予約用電話番号:03-3305-6649　スタジオ現地電話番号:03-3443-0835
- ●料金:スチール　15,000円／H(5H〜)
  　　　ムービー:小規模ＶＴＲ 20,000円／H(5H〜)　:TV・Vシネ 30,000円／H(5H〜)　:CM・映画 32,000円／H(5H〜)
  　　　撮影時間は原則8時〜21時まで。 上記時間外は、25％の割増料金をいただきます。
- ●駐車場:4台
- ●ネット予約　否　●メール確認　否
- ●キャンセル料発生期日:8日前から　●電気容量:10kw/h

http://www.j-met.com/wtn/

file.13
トレンド家具に囲まれた、モダンなデザインスタジオ
HAP factory
【港区】

※写真中の小道具はイメージです。詳細はお問い合わせ下さい。

　Ａｎｃｉｅｎｔ（エインシャント）とＭｏｄｅｒｎ（モダン）をテーマに、過去から継承されてきたモチーフやデザインが「融和」して、現代的なデザインとして再構築された空間。ここ芝浦にあるHAP factoryが提唱するスタジオの空間づくりが今、話題だ。スタジオはおよそ２００㎡の空間を大きく２面で構成し、Ａｎｃｉｅｎｔ空間、そしてＭｏｄｅｒｎ空間が同居する。こだわりの家具や壁面が優しい光のなかで重厚感を放つＡｎｃｉｅｎｔ空間。一方、明るいモダン調のスペースを、さまざまな角度で顔を変えられる壁面の効果により、多彩なショットが打てるＭｏｄｅｒｎ空間。そして背景にはレインボーブリッジを臨むことも可能。幅広く自由な発想で空間を演出しながら、「変化」し続けるスタジオがこのスタジオのテーマなのだ。

◆スタジオ名称:ハップファクトリー
●郵便番号＆住所:〒108-0022　東京都港区海岸3-3-18 芝浦日新ビル7F
●約用電話番号:03-5452-4122　スタジオ現地電話番号:03-5452-4122
●料金:スチール21600円／H（4H〜）　ムービー32400円／H（4H〜）
●駐車場:なし　●ネット予約　否　●メール問い合わせ　可　●キャンセル料発生日:7日前
●電気容量:20kw/h

http://hap-factory.jp　またはHAP factoryで検索

file.14
PHOTO+HOME「フォーム」と名付けられたハウスの新空間
Studio "PHOME"
【渋谷区】

　地下1階、地上2階建てのハウススタジオが代々木上原にあるスタジオフォームだ。フロアごとにテーマを設定し、それぞれの世界観を引き出すため、インテリアスタイリストがこだわり抜いたアンティーク家具でコーディネートされる。1Fはニューヨークのクラシックホテルをイメージし、北欧アンティーク家具でコーディネート。2Fは個性豊かな植物に囲まれたガーデンスペースと、洗練されたキッチン＆ダイニング。料理シーンで活用したくなる抜群の雰囲気を演出する。地下1Fには、倉庫をリノベーションしたニューヨーカーのＳＯＨＯスタイル。地下であるにもかかわらず、光と緑を感じることができる空間なのだ。撮影のほか、展示会、パーティーと、さまざまなシーンに対応する刺激的な空間のレンタルスペースである。

- ◆スタジオ名称：スタジオフォーム
- ◉郵便番号＆住所：151-0066　東京都渋谷区西原2-8-7
- ◉予約用電話番号：03-5452-4122　スタジオ現地電話番号：03-5439-6484
- ◉料金：スチールB1F10800円／H(5H〜)　1F21600円／H(5H〜)　2F21600円／H(5H〜)　1棟37800円／H(5H〜)
  　　　ムービーB1F21600円／H(5H〜)　1F32400円／H(5H〜)　2F32400円／H(5H〜)　1棟38600円／H(5H〜)
  　　　（すべて税込価格）
- ◉駐車場：計3台（1フロアにつき1台）　◉ネット予約　否　◉メール問い合わせ　可　◉キャンセル料発生期日：7日前
- ◉電気容量40kw/h

http://hap-factory.jp　または　HAP factoryで検索

―― file.15 ――

バリエーション豊富！セットも充実した大型スタジオ

木下スタジオ 池袋Ａスタジオ

【豊島区】

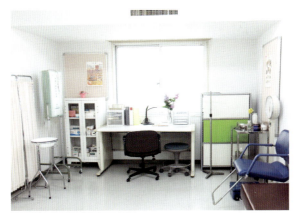

　JR池袋駅東口から徒歩3分という好立地にある木下スタジオ池袋。このスタジオはA・B・C3つのスタジオにオプションのDスタジオが用意されたスタジオだ。Aスタジオは本格的な教室に音楽室、体育倉庫に職員室、応接室と、おもに学校をイメージしたセットが組み上げられている。スタジオは１５０㎡以上というゆとりの空間。引きも寄りも思いのまま。プロデューサーのイメージを膨らませてくれる空間なのだ。

◆スタジオ名称:木下スタジオ　池袋Aスタジオ
◆郵便番号＆住所:〒171-0021　東京都豊島区南池袋2-30-5
◆予約用電話番号:090-3216-4011
◆料金:スチール・ムービーとも100,000円／12H(12H〜)　延長料金10,000円／H
　　　オプションのD st は35,000円／12H、延長料金3,000円／H　Dstのみの単独ご利用はできません。
　　　A〜Cstを同日複数スタジオ利用の場合、割引料金設定あり。　表記は消費税別。
◆駐車場:各スタジオ3台　◆ネット予約　否　◆メール問い合わせ　否
◆キャンセル料発生期日:7日前から　◆電気容量:20kw/h

http://kinoshita-st.com/

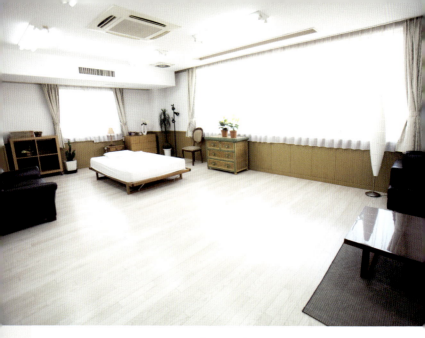

file.16
セット、シチュエーション別のスタジオスペースがたくさん！
木下スタジオ 池袋Bスタジオ
【豊島区】

　木下スタジオ池袋Bスタジオには、マルチ利用できるセットや専門家具が豊富に設置されている。家族シーンのキッチン・ダイニング、8帖の和室、応接間に寝室、そのほか部屋に模様替えが簡単にできるマルチスペースも用意されている。150㎡以上のゆとりの空間だけに、その自由度は高い。その上に、専門シーンに対応するセットや専門家具も揃う。リアル感ある電車セット、美容室シーンで利用できるカット＆シャンプーチェア、マッサージ店で利用されている施術台など、特別なシーンにも対応しているのだ。

◆スタジオ名称：木下スタジオ　池袋Bスタジオ
◉郵便番号＆住所：〒171-0021　東京都豊島区南池袋2-30-5
◉予約電話番号：090-3216-4011
◉料金：スチール・ムービーとも100,000円／12H(12H〜)　延長料金10,000円／H　　A〜Cstそれぞれ。
　　　Dstのみ、35,000円／12H、延長料金3,000円／H　但し、Dstのみの単独ご利用はできません。
　　　なお、A〜Cstを同時に複数ご利用の場合、割引料金になります。　いずれも消費税別。
◉駐車場：各スタジオ3台　◉ネット予約　否　◉メール問い合わせ　否
◉キャンセル料発生期日：7日前から　◉電気容量：20kw/h

---

http://kinoshita-st.com/

file.17
ワイドに、マルチに飽きずに使える多機能スタジオ

木下スタジオ 池袋Cスタジオ ／オプションDスタジオ
【豊島区】

※上記写真はオプションのDスタジオ。

　池袋Cスタジオは3階、4階の2フロアのスタジオが利用できる設定だ。3階は明るめのモダン調と薄いパステルカラーを基調としたマルチ利用できるスペースが中心。4階には6帖の和室、部屋をイメージした板張りの寝室にキッチン・ダイニング、広めのバルコニーが揃う。さらにはこれまた広めのバスルームには3つの蛇口が揃い、中型のバスユニットが備わっている。トイレも広めだ。利用できるスペースは２５０㎡以上とワイドだ。またCスタジオに限らず、当日他の池袋スタジオの利用があれば、予約時にオプションのDスタジオも格安で利用可能。こちらは檻がある監禁部屋！池袋スタジオはエンターテイメントが充実しているのだ。

◆スタジオ名称：木下スタジオ　池袋Cスタジオ／オプション：Dスタジオ
◉郵便番号＆住所：〒171-0021　東京都豊島区南池袋2-30-5
◉予約用電話番号：090-3216-4011
◉料金：スチール・ムービーとも100,000円／12H(12H〜)　延長料金10,000円／H　　A〜C stそれぞれ。
　　　Dstのみ、35,000円／12H、延長料金3,000円／H　但し、Dstのみの単独ご利用はできません。
　　　なお、A〜Cstを同時に複数ご利用の場合、割引料金になります。　いずれも消費税別。
◉駐車場：各スタジオ3台　◉ネット予約　否　◉メール問い合わせ　否
◉キャンセル料発生期日：7日前から　◉電気容量：20kw/h

http://kinoshita-st.com/

file.18

ペントハウスに位置するデザインシーン豊富なスタジオ

木下スタジオ　後楽Aスタジオ

【文京区】

　明るいモダンづくりの7階、純白とウッドのアメリカンスタイルの8階を擁する後楽スタジオは2015年に大規模リニューアルした。木調の床材と白基調の壁が、外から入る明るくも柔らかい光と調和する。また7階のバルコニーの出入り口も窓をモダンにすることで、屋外と室内のメリハリあるシーンがたくさん撮れるようになった。寝室は2つ用意され、シーン替えにも対応。そして8階に上がると、アーリーアメリカンを匂わせるスペースが現われる。白く塗られた壁のテクスチャーと、木調の床のマッチングが柔らかい画の演出をしてくれる。トータルデザインのスペースと呼ぶにふさわしいスタジオなのだ。また専用エレベーター完備のペントハウスは、心置きなく撮影ができると評判である。

◆スタジオ名称:木下スタジオ　後楽Aスタジオ
●郵便番号&住所:〒112-0004　東京都文京区後楽2・23・12　ホリックハウス7・8階(Ast)
●予約用電話番号:090-3216-4011
●料金:Ast:スチール・ムービーとも105,000円／12H(12H〜)　延長 13,650円／H
　Ast.Bstともにご利用の場合 189,000円／12H(12H〜)　延長 21,000円／H　いずれも消費税別
●駐車場:各スタジオ3台　●ネット予約　否　●メール問い合わせ　否
●キャンセル料発生時期:7日前から　●電気容量:20kw/h

http://kinoshita-st.com/

---
file.19

高級感あるマンションスタイルとデザインハウスを同時に

木下スタジオ 後楽Bスタジオ

【文京区】

　3階は高級感ある素材があしらわれたマンションスタイルのレイアウト。5階はデザイン性に長けたモダン調の広いスタジオ。この2スタジオを同時に利用できるのが後楽Bスタジオである。高級建材を使用した3階は、シックでありながらレジデンスマンションのつくりそのもの。リアル感あるLDKシーン撮影に適している。5階は明るいモノトーンにアクセントのついたつくりで、引きがたっぷりとれるワイドスペース。木の素材の柔らかさと明るい白基調の壁、演出に欠かせないお洒落な家具がさまざまなシーンをつくり出す。また寝室シーンが撮りやすいように、2ベッドが用意され、3階の寝室を合わせれば、3つの寝室を擁するスタジオなのだ。

◆スタジオ名称：木下スタジオ　後楽Bスタジオ
●郵便番号＆住所：〒112-0004　東京都文京区後楽2・23・12　ホリックハウス3・5階(Bst)
●予約用電話番号：090-3216-4011
●料金：Bst：スチール・ムービーとも105,000円／12H(12H〜)　延長 13,650円／H
　　　　Ast.Bstともにご利用の場合 189,000円／12H(12H〜)　延長 21,000円／H　いずれも消費税別
●駐車場：Bst：2台　●ネット予約　否　●メール問い合わせ　否
●キャンセル料発生期日：7日前から　●電気容量：20kw/h

http://kinoshita-st.com/

file.20

重みのあるスペースとナチュラル＆ポップスペースが融合！

木下スタジオ 豊玉南スタジオ

【練馬区】

　重みのあるバロック背景とシック&ナチュラルスペース、さらにパステル調のポップなスペースと、雰囲気の違うシーンが同じ場所で撮影できるのが、ここ豊玉南スタジオだ。１Ｆには大きくレイアウトされたスペースに、高級感あふれるバロック調の背景とシックなフロア、さらにはナチュラルフロアといった多面的な生活空間を展開。広さがあるだけに、思い切った提案をしてくれている。一方で２Ｆには、明るい開放感に満ちた白基調のデザインとパステルペイントが施されたマルチユースのスペースがある。また広めの駐車場が併設され、ここの壁を背景とした撮影も可能。同時に多面的な撮影ができるとあって、人気のスタジオのひとつとなっている。

- ◆スタジオ名称:木下スタジオ　豊玉南スタジオ
- ◉郵便番号&住所:〒176-0014　東京都練馬区豊玉南2-23-13
- ◉予約用電話番号:090-3216-4011
- ◉料金:スチール・ムービーとも105,000円／12H(12H〜)　延長料金　12,000円／H
  　　　但し、24時以降は15,750円／H　いずれも消費税別
- ◉駐車場:5〜6台　◉ネット予約　否　◉メール問い合わせ　否
- ◉キャンセル料発生期日:7日前から　◉電気容量:20kw/h

http://kinoshita-st.com/

file.21
旧き良きヨーロッパモダンとアジアンテイストが融合！
木下スタジオ 高円寺 A・B スタジオ
【杉並区】

　洋館、しかも外国人邸宅の迎賓館を彷彿とさせるような内装を持つ異色のスタジオ、それが木下スタジオの高円寺スタジオだ。Aスタジオは、シックで重厚なインテリアのリビングと、5階へ上がる階段が外国人邸宅や廃墟感の演出ができる唯一のスタジオと評判だ。また5階には白を基調の明るいアジアンテイストの寝室、和室スペース、さらにはイギリス革命時代を思わせる背景のスペースも完備。撮影スポットが豊富で利用価値は高い。Bスタジオには、明るく広い本格的な教室・保健室スペースが用意される。多面的な撮影には便利なスタジオなのだ。

- ◆スタジオ名称:木下スタジオ　高円寺A・Bスタジオ
- ●郵便番号＆住所:〒166-0002東京都杉並区高円寺北2-7-13
- ●予約用電話番号:090-3216-4011
- ●料金:スチール・ムービーとも　Ast.100,000円／12H(12H〜)　Bst.80,000円／12H(12H〜)
  　　Ast.Bst両方とも使用の場合　150,000円／12H(12H〜)
  　　延長料金:各スタジオ単独10,000円／H、AB両方15,000円／H　いずれも消費税別
- ●駐車場:3台　●ネット予約　否　●メール問い合わせ　否
- ●キャンセル料発生期日:7日前から　●電気容量:20kw/h

http://kinoshita-st.com/

―― file.22 ――
昭和の背景に特化した庭付きハウススタジオ
木下スタジオ 上鷺宮スタジオ
【中野区】

　上鷺宮にある昭和の雰囲気が色濃く漂うスタジオ、それが木下スタジオの上鷺宮スタジオだ。ここは外観、玄関、1階、中2階、2階、そして庭と、ストーリー流れるドラマに最適の、昭和の佇まいを残す2階建て、庭付きの一軒家スタジオなのだ。ドラマ収録などに一度は使いたくなる、そんな雰囲気に満ち溢れている。

◆スタジオ名称:木下スタジオ　上鷺宮スタジオ
●郵便番号＆住所:〒165-0031　東京都中野区上鷺宮2-24-24
●予約用電話番号:090-3216-4011
●料金:スチール・ＶＴＲとも、お問い合わせください。
●駐車場:2台
●ネット予約　否　●メール問い合わせ　否　●キャンセル料発生期日:7日前　●電気容量:10kw/h

http://kinoshita-st.com/

インテリア、ファーニチャー、壁紙、大規模リニューアル…
飽きさせない工夫を凝らすスタジオ業界

「家具を新しくしました!」「インテリア大規模リニューアル」「観葉植物・鉢植え大量設置!」などなど、各撮影スタジオでは、撮影者を飽きさせないための工夫を常に考えている。

　そもそも撮影スタジオの基本コンセプトは、大きな特長(クセ)をつけずに、特長(差別化)を出すという、矛盾との融合だ。なぜなら、特色を強く押し出せば、リピート率が下がる可能性が高いからである。事実、CM撮りなどの大掛かりな撮影では、建て込みと呼ばれるセット作りは基本で、クリエーターのイメージを高い次元で実現させるため、スタジオにあらゆる大道具を持ち込んで撮影する。しかしそのような予算が取れない撮影も世の中にはたくさんある。したがってベーシックな家具や調度品はスタジオ側が用意していることが多く、それらを利用して撮影をしている。だが、それが撮影者に「飽き」を生み出す原因となっているのもまた事実だ。

　撮影スタジオといえども、建物の躯体や構築物を大きく変化させることはできない。それでも常に変化させなければ、いずれ撮影者に飽きられてしまうことは分かっている。

　その手法はさまざまある。まずは家具や調度品、小物の入れ替えは手軽にリニューアル感が出せる。あるいは観葉植物や鉢植えを新しくする、数を増やして見栄えに変化を与えることも。小さなリニューアルでも撮影者にとってみれば、新たなショットを打てると再び利用してみるというケースは意外と多い。さらに壁紙による変化やペンキ色の変更によっても、雰囲気はガラリと変わる。そして大規模な内装のリニューアルとなれば、もう別世界のスタジオに生まれ変わる。

　このように、撮影スタジオでは、飽きさせないためのマイナー、ビッグマイナーチェンジを心掛けているのだ。

file.23
家族シーンをリアルに再現できる広々一軒家のスタジオ
studio mon 自由が丘
【世田谷区】

　家族シーンをリアルに再現できる、都内庭付き一戸建て、一軒家のゆったりハウススタジオが studio mon。明るい玄関と料理シーンが撮りやすいカウンターキッチンとダイニング。庭の緑が映えるリビングと和室は自然光もたっぷり。2階にも吹抜けのオープンキッチン、朝日がキラキラ子供部屋とダブルベッドの寝室も広々している。東急東横線自由が丘駅から徒歩7分、東急目黒線奥沢駅から4分ととても近い。さらに駐車スペースも4～5台が楽々駐車できる十分な広さがあるのも快適なスタジオ。

◆スタジオ名称:studio mon 自由が丘
◉郵便番号＆住所:〒158-0083　東京都世田谷区奥沢2-15-2
◉予約用電話番号:03-6421-4880
◉料金:総勢20名未満　スチール:15,000円／H(3H～)　ムービー:18,000円／H(3H～)
　　　総勢20名以上　スチール:20,000円／H(5H～)　ムービー:23,000円／H(5H～)
◉駐車場:4～5台(ハイルーフ車可)　◉ネット予約 可　◉メール確認 可
◉キャンセル料発生期日:予約日から7日前　◉電気容量:100A、単相三線(20KVA)

http://studiomon.com/　　または『スタジオモン』で検索

=| file.24 |=

縁側から望む広い庭と木々、和室の向こうに家族の食卓

studio mon 尾山台

【世田谷区】

　都内なのにまるで郊外の雰囲気な敷地約２００坪の純和風日本家屋。和室の向こうに家族の食卓が垣間見え、昭和の思い出も、ふるさとの暮らしも目に浮かぶ、まるで都内とは思えない緑に囲まれた広い庭のあるスタジオ。1階は和室8帖2間続きで約１４帖のキッチンダイニングとリビングが備わる。2階には和室8帖が2部屋とキッチンもあり、消え物準備に便利♪東急大井町線尾山台駅から徒歩約１２分、環状八号線から近く、駐車スペースは３台から４台が駐車可能で、アクセスしやすく快適便利なハウススタジオ。

- ◆スタジオ名称：studio mon 尾山台
- ●郵便番号＆住所：〒158-0086　東京都世田谷区尾山台2-3-16
- ●予約用電話番号：03-6421-4880
- ●料金：総勢20名未満　スチール　15,000円／H(5H〜)　ムービー　20,000円／H(5H〜)
  　　　　総勢20名以上　スチール　20,000円／H(5H〜)　ムービー　30,000円／H(5H〜)
- ●駐車場：3〜4台(ハイルーフ車可)　●ネット予約可　●メール確認可
- ●キャンセル料発生期日：予約日から7日前　●電気容量：２２５Ａ、単相三線(４５ＫＶＡ)

http://studiomon.com/　または『スタジオモン』で検索

=== file.25 ===

十分な明るさと広さ。ファミリー演出が360度撮影OK

STUDIOピア pia2 井荻

【杉並区】

　マンションスタジオといえども、侮れない空間の演出が嬉しいと評判なのがここスタジオピア井荻だ。そのわけは、広いリビング・ダイニングに置かれた家具のレイアウトと室内の明るさにある。マンションスタジオのウィークポイントとして言われるのが、吊り下げ式照明器具。それを撮影の邪魔にならないよう隠しながら本数を倍増。これが撮影者のストレスをなくしている。さらに居住空間ではありえないレイアウトにすることで、大きく引きながらの撮影も可能にした。３６０度、どこからでも画になる秘密がここにある。明るく広々としたリビングに置かれるカウンターキッチンとダイニング家具、そして８帖の和室。さらには２０帖ある独立した広めの洋室、また子供部屋も完備。和やかな家族シーンをはじめ、あらゆる家庭シーンがここでたっぷりと撮れてしまう。

◆スタジオ名称：STUDIOピア　井荻
◆郵便番号＆住所：〒167-0021　東京都杉並区井荻3・23・2 2F
◆予約用電話番号：03-5606-5461（8:00〜20:00）
◆料金：基本料金：50,000円／3H　延長料金スチール：13,000円／H
　　　　ムービー：15,000円／H　いずれも消費税別
◆駐車場：2台
◆キャンセル料発生期日：8日前の20時〜　◆電気容量：20kvA

http://www.studio-pia.com/

file.26

柔らかい光が降り注ぐシチュエーションがずらりと満載

STUDIOピア pia3 高円寺

【杉並区】

　ＲＣでつくられた大邸宅のスタジオがここピア高円寺だ。このスタジオの売りは、しっかりと堅牢なつくりのスペースをマルチユースできることにある。1階のリビング・ダイニングには、広くレイアウトされたナチュラルカラーのオープンキッチンがあり、柔らかい光が差し込むリビングまで、仕切のないオープンスペースだ。しかもキッチンは調理シーンに欠かせない対面式。思う存分料理撮影ができるよう配慮されている。キッチンから見たゆとりのリビング・ダイニングには柔らかい陽の光が降り注ぐ。2階にはプライベートルーム。そして最上階には２８帖の大空間のなかに撮影しやすいようにゆとりを持たせたレイアウトに位置した事務デスクが置かれる。白を基調としたオフィススペースには、丸く型取られた窓からも陽の光が注がれるので、明るさは申し分ない。目的別に対応可能な24時間使えるスタジオなのだ。

◆スタジオ名称：ＳＴＵＤＩＯピア　高円寺
●郵便番号＆住所：〒166-0003　東京都杉並区高円寺南1-20-19
●予約用電話番号:03-5606-5461(8:00-20:00)
●料金:基本料金:60,000円(３Ｈ)　延長料金:スチール15,000円／Ｈ
　　　ムービー20,000円／Ｈ　消費税別。なお、23時～翌日7時までは５０％の割増料金をいただきます。
●駐車場:3台
●キャンセル料発生期日:8日前の20時～　●電気容量:24kvA

http://www.studio-pia.com/

===== file.27 =====

生活感ある画が撮れる！再現やプライベート撮影に最適
STUDIOピア pia4 阿佐ヶ谷
【杉並区】

　ハウススタジオのメリットは、生活感ある演出が撮れることに尽きる。事実、再現フィルムなどは、戸建てハウススタジオの積極利用がまだまだ多い。また最近では、撮影会を生活感あるシチュエーションで行ないたいというニーズも生まれ、戸建てハウススタジオの良さが見直されているようだ。
　ここピア阿佐ヶ谷は、元祖ハウススタジオとも言うべき、庭付き一戸建てスタジオ。1階には渡り廊下のついた8帖の本格的な水屋と床の間が設えられた穏やかな和室。そしてたっぷりと注がれる自然光と庭の緑が豊かに彩るリビング・ダイニングがレイアウトされる。2階には15.3帖の洋室Aと13.3帖の洋室Bが待ち受ける。家庭のシーンに不可欠な『あたたか味』の演出が、この生活感あるハウススタジオでは存分に撮影可能なのだ。また併設された駐車場は3台分が確保され、搬入搬出の手間が少なくて済むのも嬉しい。

◆スタジオ名称：ＳＴＵＤＩＯ　ピア　阿佐ヶ谷
◉郵便番号＆住所：〒166-0004　東京都杉並区阿佐谷南1-26-12
◉予約用電話番号：03-5606-5461(8:00 - 20:00)
◉料金：基本料金50,000円(3H)　延長料金スチール10,000円／H
　　　　ムービー13,000円／H　消費税別
◉駐車場：3台
◉キャンセル料発生時期：8日前20時〜　◉電気容量：20kvA

http://www.studio-pia.com/

file.28
洋館邸宅が好立地に！駐車場＆バルコニー付きのテラスハウス

STUDIOピア pia6 目白
【新宿区】

　ここ目白は閑静な街並みに豪邸が立ち並ぶ高級住宅街。ピア目白はそのなかの一角にある。外国の邸宅を彷彿とさせる外観。4台分の駐車スペースがすぐに目につく。広くレイアウトされた玄関周りに始まり、大型のキッチンからのぞく広がりあるリビング・ダイニング。充実した応接間には暖炉が備わっている。さらには本格的な書斎もあり、これだけでもバリエーション豊富と呼べる邸宅スタジオなのだ。
しかし、それだけにとどまらない。2階に目を向ければ、洋室は12帖、8.75帖が2室と10帖の和室まで配置する。しかも陽の光がたっぷり注ぐ中庭にバルコニー、洋館シーンに効果的な階段や扉と、撮影スポットは無限大なのだ。これだけの要素がまとまる一戸建て庭付きスタジオはめずらしい。

- ◆スタジオ名称:STUDIOピア　目白
- ●郵便番号&住所:〒161-0033　東京都新宿区上落合3・4・21
- ●予約用電話番号:03-5606-5461(8:00-20:00)
- ●基本料金:50,000円／3H　延長料金スチール:13,000円／H
  　　　　　ムービー:15,000円／H　消費税別
- ●駐車場:4台(215cm以下2台、176cm以下2台)
- ●キャンセル料発生期日:8日前の20時〜　●電気容量:20kVA

http://www.studio-pia.com/

file.29

手入れの行き届いた日本庭園が美しい和風大邸宅

STUDIOピア pia7 宮前

【杉並区】

「季節によって顔が違う」そんな日本の古き良き景観が味わえるピア宮前スタジオ。春の訪れを感じさせる梅に始まり、夏の花々そして紅葉と、このスタジオには素朴ながら季節感が集約されている。日本庭園の美しさ、そしてぐるりと周りを緑に囲まれた和風造りの大きな家。大きく育った木々が囲んでくれるので、周囲を気にせず撮影できる環境だ。ハウス内は、庭園を眺める8帖の和室とリビング・ダイニングが人気の撮影スポット。対談や再現での撮影ニーズも高い。都内という好立地にあって自然豊かな日本庭園付きスタジオはそうはない。

◆スタジオ名称:STUDIOピア 宮前
◉郵便番号&住所:〒167-0032 東京都杉並区宮前5・26・29
◉予約用電話番号:03-5606-5461(8:00-20:00)
◉基本料金:50,000円(3H) 延長料金スチール:13,000円/H
　　　　　ムービー:15,000円/H
◉駐車場:1台
◉キャンセル料発生期日:8日前20時〜　◉電気容量:20kVA

http://www.studio-pia.com/

== file.30 ==

自然光がたっぷり注ぐ開放感!各所に上質を感じるテラスハウス

STUDIOピア pia8 久我山

【杉並区】

　「さまざまな顔を持つ」と評判が高いピア久我山。その訳はハウススタジオに求められるシチュエーションがすべて揃っているからだろう。まず入り口には大型の駐車場があり、そこからハウス内に機材搬入がスムーズに行なえる。そして駐車場からこのスタジオの全容がひと目で把握できることで、さまざまなショットが打てるイメージが沸いてくる。目を引くのは、一枚張りの大きなラウンド形のガラス窓だ。ここは2階まで吹き抜けのリビングになっていて、当然この大きな窓からはたっぷりと自然光が降り注ぐ。
　さらにこの吹き抜けリビングからは、手入れの行き届いた緑が飛び込んでくる。ハウス内は1階が14帖ある書斎、和室にリビング・ダイニングとキッチンスペースが余裕の広さで君臨する。2階は15帖と7帖の洋室、6帖の和室が備わり、多くのショット数が期待できる。せせこましい感覚のない、ゆったりとしたスペースを持つスタジオなのである。

◆スタジオ名称：ＳＴＵＤＩＯピア　久我山
●郵便番号＆住所：〒168-0082　東京都杉並区久我山4‐41‐29
●予約用電話番号：03-5606-5461(8:00-20:00)
●基本料金:50,000円（3H）　延長料金スチール：13,000円／H
　　　　　ムービー：15,000円／H　消費税別
●駐車場：3台
●キャンセル料発生期日：8日前の20時〜　●電気容量：22kvA

http://www.studio-pia.com/

---

file.31

「幸せな家庭のお手本モデル」がコンセプト！

STUDIOピア pia10 経堂

【世田谷区】

　「庭付き、車庫付き一戸建て」家庭的な家族の象徴を体現できるスタジオである。しかも採光はばっちり。自然光たっぷりの庭付き一戸建てなのだ。
　1階は対面式キッチンからのぞく16帖ある陽当たり抜群のリビング・ダイニング。庭から打てば、1階全体が画角に収まり、パーンもしやすい。2階は2つのベッドルームに明るい日差しが注ぐ。
　程よい広さと明るさ、幸せな家族のワンシーンを演出できる。再現シーン利用には手頃なのだ。

- ◆スタジオ名称:STUDIOピア　経堂
- ●郵便番号＆住所:〒156-0044　東京都世田谷区赤堤3-16-2
- ●予約用電話番号:03-5606-5461(8:00-20:00)
- ●基本料金:50,000円(3H)　延長料金スチール:10,000円／H
　　　　　　　　　ムービー:13,000円／H　消費税別
- ●駐車場:4台
- ●キャンセル料発生期日:8日前20時〜　●電気容量:20kVA

http://www.studio-pia.com/

file.32
明るいスタイリッシュなRC一戸建てハウススタジオ
STUDIOピア pia11 世田谷
【世田谷区】

　地下1階、地上2階に屋上バルコニー付きの現代的な空間が嬉しいスタジオ。まずは地下1階。13.9帖もあるプレイルームが備わる。この自由度ある空間ではお好みの撮影が可能。1階は庭を眺める大きな開閉式窓があるリビング。そこに明るい陽の光が降り注ぐ。自然光の明るさがキッチン、ダイニングにも感じられるのだ。しかもこのスペースすべてが間仕切りのない同一空間にあるので、カメラワークがしやすい。そして2階。まず目に飛び込むのは、ガラス越しの2階へと続く階段。これが圧倒的な存在感を放ち、印象的なのだ。階段を上がると、明るい2室の洋間ベッドルーム。そして爽やかな自然光が取り入れられるバス・サニタリールームは、リゾートホテルを彷彿とさせる美しいレイアウトだ。そして屋上バルコニー。ジャグジーを背景に、テーブルとビーチチェアが置かれ、このスペースも南国リゾート感がたっぷりと漂う。撮る者を飽きさせないスタジオである。

◆スタジオ名称：ＳＴＵＤＩＯピア　世田谷
●郵便番号＆住所：〒156-0044　東京都世田谷区赤堤1-37-1
●予約用電話番号：03-5606-5461(8:00-20:00)
●料金　スチール：20,000円／H(5H〜)　ムービー：25,000円／H(5H〜)
●駐車場：4台
●キャンセル料発生期日：8日前の20時〜　●電気容量：24kVA

http://www.studio-pia.com/

file.34

本格的和室を備えた和洋両撮りが可能なハウススタジオ

STUDIOピア pia12 西荻窪

【杉並区】

　大きな和風の玄関はまるで旅館のよう。ここは和の1階、洋の2階と2つの顔を持つ和風建築のハウススタジオである。まずはこの玄関をくぐり抜けると、1階には囲炉裏のついた本格和室と味わい深い板の間のリビングがある。庭にカメラを置けば、この和室が抜けもよく撮れると好評だ。階段を昇ると多くの自然光が広がり、心地よい風が通り抜ける広々とした洋室が備わる。洋室Aは12帖、洋室Bは10帖のたっぷりスペース。このスタジオの特長は2世帯型になっているところ。1階、2階にそれぞれ和室、リビング、キッチン、バス、トイレが装備されている。だから1スタジオで2本撮りも可能なのだ。

◆スタジオ名称：STUDIOピア　西荻窪
●郵便番号＆住所：〒168-0081　東京都杉並区宮前5-25-19
●予約用電話番号：03-5606-5461(8:00-20:00)
●基本料金：50,000円(3H)　延長料金スチール：13,000円／H
　　　　　　ムービー：15,000円／H　消費税別
●駐車場：3台(乗用車2台、ハイエースタイプ1台)
●キャンセル料発生期日：8日前の20時～　●電気容量：12kvA(1階)、10kvA(2階)

http://www.studio-pia.com/

/ file.33 /

豪邸と呼ぶにふさわしいハウススタジオ。シーンも豊富！

STUDIOピア pia14 尾山台

【世田谷区】

　高台にある豪邸がスタジオに生まれ変わった！ここは木と緑に優しく包まれた大きな一軒家。モダンな外観にも驚かされるが、なかに入ると、大きなリビングルームにまず圧倒されてしまう。この３５帖という広さのＬＤＫは、南窓からの柔らかくも強さを感じる陽に照らされる。さらに内装の演出も石造りの暖炉と壁が空間に深い印象を与えている。またダイニング・キッチンにも余裕の広さがあり、さまざまな角度からの撮影ショットが打ち出せる。洋室は１４．４帖のスペースに大きなベッドがひとつ。そのあり余る空間が引き、寄りとカメラワークを簡単にしてくれる。そして豪邸ならではの広い玄関周りも、さまざまな撮影シーンを生み出す。趣あるこの洋風建築の豪邸での撮影では、現実と非現実を両立させる演出機能が満載なのだ。

- ◆スタジオ名称：ＳＴＵＤＩＯピア　尾山台
- ◉郵便番号＆住所：〒158-0086　東京都世田谷区尾山台1-9-19
- ◉予約用電話番号：03-5606-5461(8:00-20:00)
- ◉基本料金：60,000円(3Ｈ)　延長料金スチール：15,000円／Ｈ
  　　　　　ムービー：20,000円／Ｈ　消費税別
- ◉駐車場：2台
- ◉キャンセル料発生期日：8日前の20時〜　◉電気容量：15kvA

http://www.studio-pia.com/

=== file.34 ===

ビルトインガレージ、吹き抜け玄関、サンルームを装備！
STUDIOピア pia15 B福町

【杉並区】

　外観からはイメージできないレイアウトというのがこのスタジオの第一印象である。まず入り口を入ると、そこは吹き抜けの玄関。まるで海外のコンドミニアムをイメージさせる。そして1階には対面式のキッチン、ダイニング、さらには緑の庭をのぞむ３５帖という広さのＬＤＫがある。明るい日差しが舞い降りながら、大きく引けるとあって撮影者を悩ませない配慮だ。２階は洋室が３室。採光もしっかりと入る１１帖、９帖、６帖の充実した寝室が備わる。そして屋上バルコニーにはサンルームを設置。周囲の大きな木々に囲まれたバルコニーで、他にはないシチュエーションが望めるのだ。

◆スタジオ名称：ＳＴＵＤＩＯピア　Ｂ福町
●郵便番号＆住所：〒168-0064　東京都杉並区永福町1-13-13
●予約用電話番号：03-5606-5461(8:00-20:00)
●基本料金：50,000円（３Ｈ）　延長料金スチール：13,000円／Ｈ
　　　　　　ムービー：15,000円／Ｈ　消費税別
●駐車場：4台
●キャンセル料発生期日：8日前の20時〜　●電気容量：20kvA

http://www.studio-pia.com/

file.35

2つのマンションスタジオを同時に利用！部屋数豊富

STUDIOピア pia16 浅草橋

【台東区】

「短時間で多くのシチュエーションでの撮影をしたい!」そんなファストワークのリクエストに応えたのがこのピア浅草橋だ。バリエーション豊富なマンションスタジオの理由は、マンション2室同時利用というダイナミックさにある。6階、7階に位置するこのマンションスタジオには、日当たりのよい生活感あるキッチン、リビング・ダイニングと和室がそれぞれに配置されている。もちろん寝室や書斎といったシーンニーズに応えた部屋もある。また広めのベランダもあり、外から部屋めがけて打つことも可能。再現など、いろいろな部屋をまとめて撮ってしまいたいニーズに適している。

◆スタジオ名称：STUDIOピア　浅草橋
◆郵便番号＆住所：〒111-0052　東京都台東区柳橋1-2-12柳橋Mビル7F・6F
◆予約用電話番号：03-5606-5461(8:00-20:00)
◆基本料金：50,000円(3H)　延長料金スチール：13,000円／H
　　　　　　ムービー：15,000円／H　消費税別。なお、23時から翌日7時までは50％の割増料金をいただきます。
◆駐車場：なし(近隣のコインパーキングをご利用ください)
◆キャンセル料発生期日：8日前の20時～　◆電気容量：25kVA

http://www.studio-pia.com/

file.36
品格を感じさせる室内を十分な引きのある空間で撮影！

STUDIOピア pia19 三宿

【世田谷区】

　さほど大きくはない玄関から、一挙に開放されたような広がりを見せる建築手法がここの特長だ。その広がりは、大きな窓から庭をのぞむ２８帖のＬＤＫ。引きも十分なたっぷりの空間だ。しかもその落ちついた色調のリビング・ダイニングは、格調高いおもてなしの間を彷彿とさせる。また和室、２階には落ち着いた１０帖の洋室、書斎も完備。イメージはさながらプレジデントハウスといったところだ。

- ●スタジオ名称:ＳＴＵＤＩＯピア　三宿
- ●郵便番号＆住所:〒154-0002　東京都世田谷区下馬3-9-16
- ●予約用電話番号:03-5606-5461(8:00-20:00)
- ●基本料金:50,000円(3Ｈ)　延長料金スチール:13,000円／Ｈ
　　　　　　ムービー:15,000円／Ｈ　消費税別
- ●駐車場:3台
- ●キャンセル料発生期日:8日前の20時〜　●電気容量:20kVA

http://www.studio-pia.com/

file.37

室内空間と屋外が一体化！質感こだわりを感じるスタジオ

STUDIOピア pia27 桜新町

【世田谷区】

　こだわりの空間づくり、そして細部にわたる良質のテクスチャー。このスタジオには撮影要件を満たす材料が豊富に存在する。それは外観からは想像もできないようなエンターテイメントの世界だ。柔らかい光が入る玄関から室内に入ると、すぐに大きなLDKが目に飛び込んで来る。そこから見える大きなテラスコートにまたも驚かされるのだ。テラスとリビングの一体感あるシチュエーションがたまらない。このLDKはリビングから対面式キッチンを狙っても、キッチン側からリビング・ダイニングを狙っても、十分な引きを生みだしてくれるから嬉しい。さらに目を引くのが、テクスチャーへのこだわりだ。階段側の壁面には白いレンガ、洗面台のテクスチャー、バス・シャワーに至るまで、細部にも画になる材料がたくさんある。極めつきが2階にも広いテラスがあるところだ。大空間と上質なテクスチャー、そして外と室内の一体感にこだわりが垣間見れる。

- ◆スタジオ名称:ＳＴＵＤＩＯピア　桜新町
- ◉郵便番号＆住所:〒154-0081　東京都世田谷区深沢7-22-11
- ◉予約用電話番号:03-5606-5461(8:00-20:00)
- ◉料金:スチール:20,000円／Ｈ(5Ｈ〜)
  　　　ムービー:25,000円／Ｈ(5Ｈ〜)　消費税別
- ◉駐車場:2台
- ◉キャンセル料発生期日:8日前の20時〜
- ◉電気容量:20kvA

http://www.studio-pia.com/

file.38

豊富なシチュエーション！余裕の大型ヴィラスタジオ

STUDIOピア pia28 Venus

【目黒区】

　大きな敷地にそびえ立つ大型のスタジオ、ピアＶｅｎｕｓ。２３区の一等地にありながら、海外で撮影をしているかのような余裕あるスタジオと評判が高い。まずはクルマを６台停めてもまだ余裕の広いエントランス。なかに入れば、庭を一望する４５帖のＬＤＫがデンと構えている。フロアは贅沢な大理石。そして緑豊かな広い庭が、このリビングの大きな背景となっている。２階は１６.２帖の寝室、１４.５帖の書斎とこれもスケールがでかい。もちろん屋上、ベランダと俯瞰で狙える撮影スポットも豊富。要人のゲストハウスを彷彿とさせるコンパウンド型のヴィラハウススタジオなのだ。

- ●スタジオ名称:STUDIOピア Venus
- ●郵便番号&住所:〒152-0032 東京都目黒区平町1-9-18
- ●予約用電話番号:03-5606-5461(8:00-20:00)
- ●料金:スチール:20,000円／H(5H〜)
  　　　ムービー:25,000円／H(5H〜)
- ●駐車場:5〜6台
- ●キャンセル料発生期日:8日前の20時〜
- ●電気容量:30kvA

http://www.studio-pia.com/

file.39

湾岸のパノラマを背景に撮影ができる大人気のスタジオ

STUDIOピア pia31 Bayside

【江東区】

　新木場・ベイエリアの眺望を活かした贅沢な水上空間。ここはピアが提案する新感覚のスタジオだ。景観は全面湾岸。LDKもバス・シャワーも寝室も海を眺望できるつくりだ。陽の光とともに刻々と変化する水辺を感じながら、夜景までたっぷりとその変化を背景に撮影できる。しかもスタジオが高台に位置するため、対岸と海しか映らないのだ。また海辺に長く走るウッドデッキからは、苦労せずに室内と屋外を撮影可能。しかもLDKは大きなスライド式窓を壁に収納できるため、撮影の邪魔をしない工夫がされている。窓を全開放してデッキに出ると、そこにはここにしかない湾岸のパノラマが広がる。

- ◆スタジオ名称:STUDIOピア　Bayside
- ●郵便番号&住所:〒136-0082　東京都江東区新木場2-1-33
- ●予約用電話番号:03-5606-5461(8:00-20:00)
- ●料金:スチール:25,000円／H(5H〜)
  　　　ムービー:30,000円／H(5H〜)
- ●消費税別。なお、23時から翌日7時までは５０％の割増料金をいただきます。
- ●駐車場:7〜8台
- ●キャンセル料発生期日:8日前の20時〜
- ●電気容量:30kvA

http://www.studio-pia.com/

=== file.40 ===

デザインと機能が融合した開放感ある大型テラススタジオ

STUDIOピア pia34 辰巳

【江東区】

　自然光がふんだんに入るスケールの大きなピア辰巳スタジオ。ここは数多くの狙える撮影スポットとカメラワークを容易にする機能性、そして非日常的なデザインを融合させた空間だ。このアングルと採光を意識した空間は、他にはない開放感を与えてくれる。たとえば、料理シーンのカメラのまわり込みを意識したアイランドキッチンは、正面・側面・背面と、どのアングルからの撮影も容易にする配置。さらに十分な引きもできるよう、ダイニングを長めのレイアウトにしている。また1階の吹き抜けは2階のキャットウォークから俯瞰撮影を可能にするだけでなく、2階の洋室撮影の引きの画にも利用可能にしている。そのほかテラス・屋上・アプローチを効果的に配置し、室内とともにつくられる屋外シーンの幅が広がるよう配慮。夜間撮影のために、屋外灯の演出にもこだわりを見せる。

◆スタジオ名称:ＳＴＵＤＩＯピア　辰巳
●郵便番号＆住所:〒136-0053　東京都江東区辰巳3-16-14
●予約用電話番号:03-5606-5461(8:00-20:00)
●料金:スチール:25,000円／H(5H～)
　　　ムービー:30,000円／H(5H～)
●消費税別。なお、23時から翌日7時までは５０％の割増料金をいただきます。
●駐車場:7～8台
●キャンセル料発生期日:8日前の20時～
●電気容量:30kvA

http://www.studio-pia.com/

コンテンツ制作者のための使える撮影スタジオブック

映像映画スタジオ探検隊　編

２０１６年１月７日　第１刷発行

デザイン	勅使河原克典
編集人	佐々木　亮
発行人	田中　潤
発行所	有限会社 有峰書店新社
	〒１７６－０００５　東京都練馬区旭丘１－１－１
	電話　０３－５９９６－０４４４
	http://www.arimine.com/

印刷・製本所　シナノ書籍印刷株式会社

定価はカバーに表示してあります。乱丁本、落丁本はお取替えいたします。
無断での転載・複製等は固くお断りいたします。

© ２０１６ ARIMINE, Printed in　Japan
ISBN978-4-87045-285-5